情境认知绘本

农场小百科

[瑞士]达尼拉·普鲁斯/文　[德]安妮·艾伯特/图　林佳音/译

江苏凤凰少年儿童出版社

在农场

世界上的农场多种多样：有大型的，有小型的；有老式的，有新式的；有饲养动物的，有不饲养动物的。但不管是哪种类型的农场，一台拖拉机是必不可少的，有的农场还拥有更多的机械。生活在这里的人们往往天刚亮就要开始工作了，经常持续工作到夜间。他们大部分的工作是在户外进行的，季节不同，需要做的工作也不同。

夏季，农夫们会赶着牲畜在开放的山间农场的斜坡草地上吃草，这里的很多工作是需要用双手完成的。

猪被饲养在养猪场里，每天都要喂它们很多食物。

运奶车

果园里的果树是一棵挨一棵地种植的，因此看上去它们是长长的一排。

在田间

冬季里,农夫们将第二年要播种的种子小心地储存起来。到了春季,当积雪开始融化时,他们就变得忙碌起来:先用犁给田里的土壤松土,同时挖掉上一年还残留在土里的植物残茎,以便让农作物更好地生长;然后将动物粪便等肥料撒在犁好的土壤里;之后就可以播种了。田里的农作物一般采用轮作的种植方式:这一年种玉米,下一年种马铃薯或甜菜。这样的种植方式,对土壤很有好处。

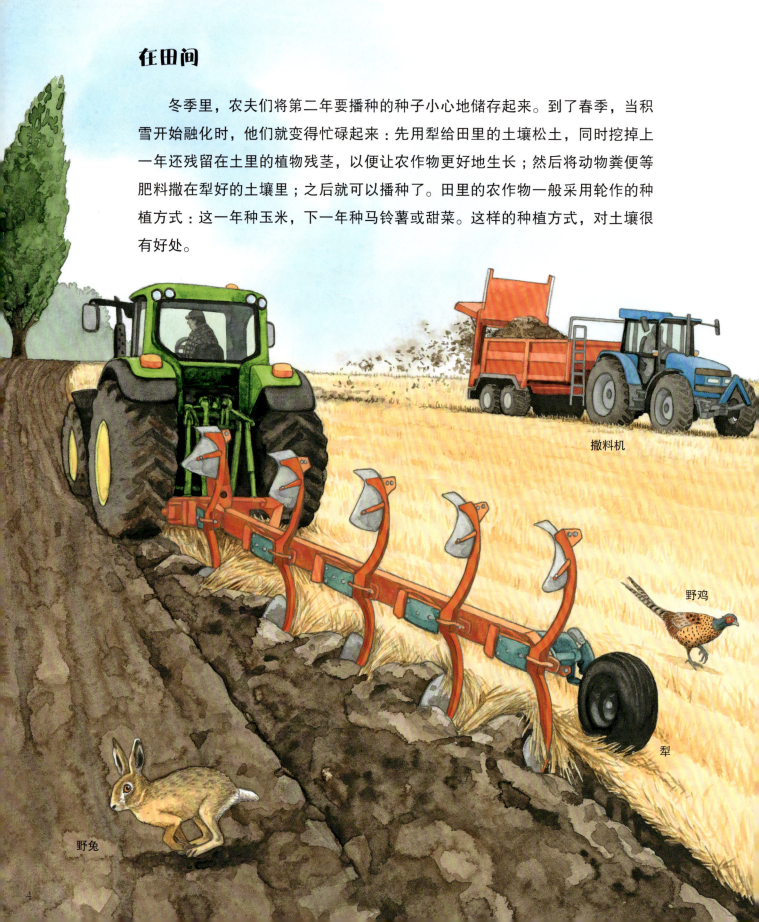

撒料机

野鸡

犁

野兔

耙子用来将大块的土壤碾碎。

圆盘耙

条播机

条播机能在田间开出一道道沟槽,并让种子按播种量落入沟槽中,然后覆盖上薄土并压实。

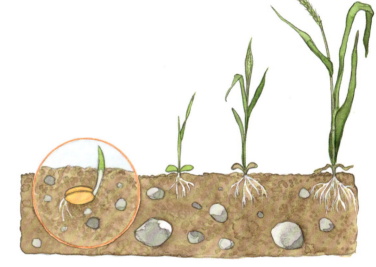

看,几个星期后,小麦发芽啦!

马铃薯种植机是专门用来种植马铃薯的。

埋在土里的一个马铃薯茎块,可以长出许多新马铃薯来。

牛栏里发生了什么？

奶牛可以在牛栏里自由走动、休息和吃喝。从清晨开始，牛栏里就忙碌起来。农夫用拖拉机拉来牛饲料，可不能饿着奶牛。

奶牛每天早晚要挤两次奶。挤奶的时间一到，奶牛们排队走进挤奶间，挤奶工将奶牛的乳头插入挤奶器的奶管中，然后开动机器，牛奶通过管道被收集到牛奶处理室中的一个大型的水冷却器中，等待运奶车将它们运到乳制品加工厂去。

果园和菜圃里收获了什么？

夏季到了，天气变得好热！果园和菜圃里的人们变得忙碌起来，他们的收获季节到了。伴着昆虫的"嗡嗡"声，一阵阵成熟的果香飘来。看看吧！灌木和果树上结满了累累果实！

温室里的温度比室外的温度还要高，但对于西红柿和黄瓜很适宜，它们正在抓紧时间生长，快要成熟了。

因为有了洒水器，即使已经连续好多天没下雨了，植物们也不会干枯。

果树在春季开花。蜜蜂在采集花蜜的同时也为花授了粉。

花凋谢后，果实逐渐长大。

甜美多汁的樱桃挂在树枝上，颜色越来越鲜艳，它们已经成熟到可以采摘了！

七星瓢虫是我们的好助手，它能吃掉危害农作物的蚜虫。

谷物成熟了

好多个星期过去了,田里的农作物渐渐成熟起来,颜色从绿色变成金黄色,等待着收割。可是,天边乌云滚滚,暴风雨马上就要来临了,成熟的庄稼可不能受潮,怎么办呀?人们要快点行动起来了!农夫开来了联合收割机,收割机在田里来回行驶,秸秆从收割机后面出来,谷粒则被收集起来存入谷仓。

在田边地头,生长着各种各样的植物,许多动物也自由自在地生活在这里。田鼠和原仓鼠把从田里偷来的谷物储存在洞里,这是它们用来过冬的食物。

从谷物到面包

谷物在联合收割机里脱粒后,拖车将收集到的谷粒运到磨坊。

谷粒经由漏斗进入磨面机,它们被磨碎变成面粉。

成袋包装的面粉被送到面包房。面包师在面粉里加入其他原料后将面粉揉成面团,面团被做成各种形状的面包胚后送入烤炉,烘烤成面包。

啊,好香呀!想吃刚出炉的面包吗?你在面包店里就可以买到。

燕麦　小麦　黑麦　大麦　玉米

不仅是面包,有许多食品都是以谷物为原料做出来的。你知道下面这些都是什么食品吗?

拖拉机都能做什么？

如果缺少了拖拉机，农场里的许多工作都很难完成。拖拉机强大而有力，能完成很多很多的工作。它可以拖拉很重的东西或者将重物举起。拖拉机的轮子都非常高大，有了这样的轮子，它就不会陷进泥里啦！而且，坐在高高的驾驶室里，拖拉机驾驶员可以看得很远。

拖拉机的很多工作都是和其他机械联合完成的，人们将这些机械安装在拖拉机的前面或后面，就像我们在这里展示的这些。

夹抱式铲车

牲畜拖车

搂草机

玉米脱粒机

双轮胎

原木钳

铲雪车

圆草捆叉车

农场里的假日

在农场里度假,就是一次真正的探险。快来看一看我们在这里能发现什么吧!

是谁在哼哼？

当农夫推着饲料车穿过猪圈时，壮观的场面出现了，大猪们都欢快地哼哼着，就要开饭啦！隔壁猪圈里的小猪似乎对饲料并不感兴趣，因为它们还在吃妈妈的奶呢。一只母猪一窝能生十到十二只猪崽儿。小猪长大一些后就能够自己在自动喂食器里进食了。

生活在户外的猪可以经常享受泥巴浴，它可以起到降温、清除寄生虫和防止蚊叮虫咬的作用。猪的长长的鼻子拥有非常灵敏的嗅觉，它们会时不时地用长鼻子在地上拱一拱，希望能拱出什么好吃的来。

鸡窝　　　　鸡蛋　　　　　　　　　　雏鸡

要孵蛋的母鸡叫抱窝鸡。蛋孵出小鸡需要二十一天，刚出壳的小鸡湿漉漉的，羽毛一干，就毛茸茸的了。

鸡住在哪里？

"喔喔喔！"公鸡又在鸡舍前的院子里啼叫了，它正骄傲地在母鸡中间走来走去，洪亮的声音即使离很远也能听得到。一些母鸡正在洗沙浴；一些母鸡正在啄食谷粒；一些母鸡站在横木上打盹儿；一些母鸡卧在窝里生蛋，一只母鸡几乎一天能下一颗蛋。

一些鸡一生都生活在狭窄的笼子里。

它们吃什么？

有些食物被许多动物喜爱，而有些食物只有那些特定的动物才喜欢吃。

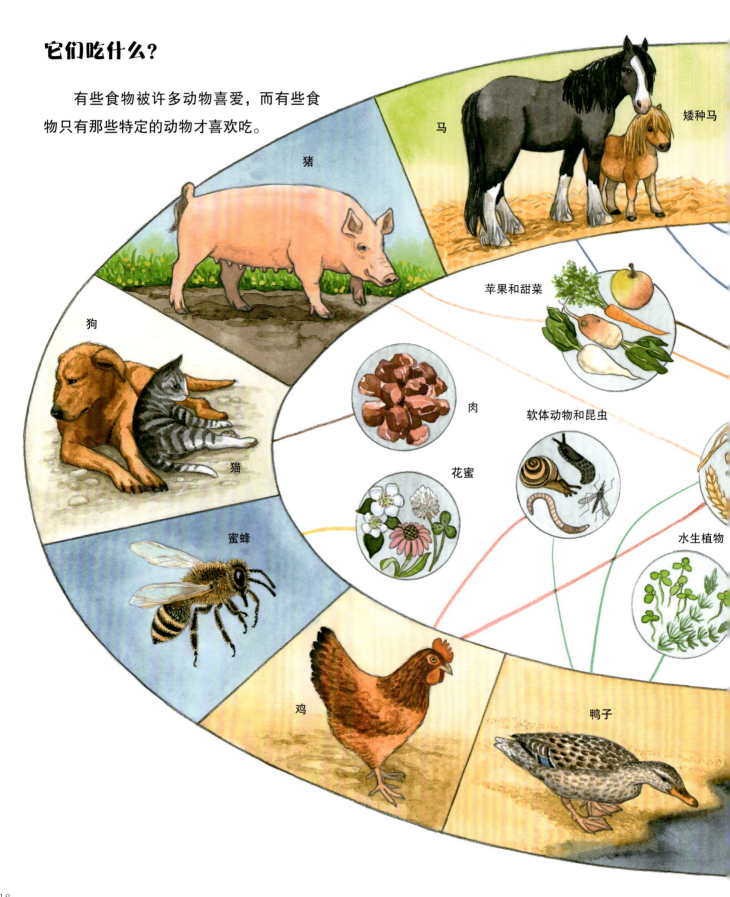

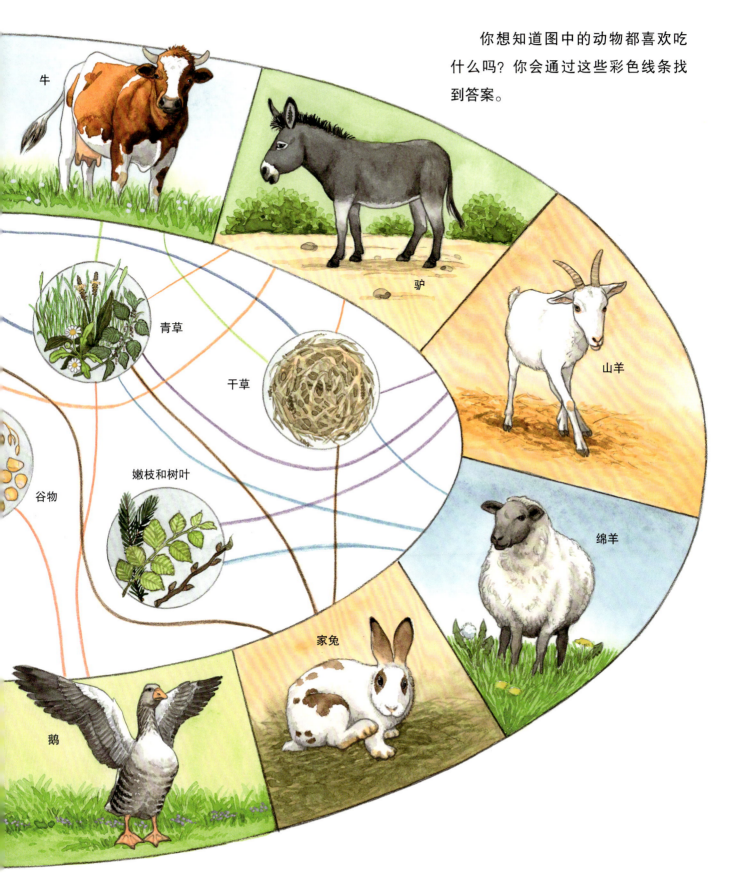

在高山牧场上

春天来了，山上的积雪开始融化。不久后，农夫就能赶着牲畜到高山牧场上放牧了。

铃铛在山羊的脖子下发出清脆的响声，牛脖子下的铃铛发出的声音要低沉一些。有了铃铛，当牲畜跑远时，农夫就可以循着声音找到它们。这些牲畜可以在高山牧场上吃一夏天的草。

大型的机械在高山牧场上无法使用，但农夫可以在缓坡上使用割草机；而在陡一些的山坡上，农夫就用长柄大镰刀割草。

秋天，农夫用鲜花将牛装扮起来。

搅奶桶

狗

牛

奶酪是如何制作的：

将掺入凝乳酶的牛奶放在一个大容器里加热。凝乳酶是一种在未断奶的小牛胃中发现的物质，它的作用是使牛奶凝结。

用齿非常细的奶酪叉搅动已经呈稠状的牛奶，使其变成奶酪，并结皮。

将奶酪皮从容器中捞出放进模具中压实，并用盐水进行冲洗。

将压成块状的奶酪存入地下室，几个月后，它们就能吃啦！

动物和它们的宝宝

牛棚里的母牛正在经历一件特别的事情：它的宝宝就要出生了。牛宝宝已经在妈妈的肚子里待了九个月。快看，牛宝宝出来啦！喘着气的母牛卧在稻草上，盯着已经露出头和前腿的牛宝宝。不用担心，农夫正在为母牛接生。他握住牛宝宝的前腿轻轻向外拉，一瞬间，一头湿漉漉的小牛犊就出现在了稻草上。母牛慈爱地用舌头将牛宝宝舔干。过了一会儿，母牛就用鼻子推着牛宝宝鼓励它站起来，好像在说："加油哦，小家伙！"

小牛犊努力地自己站起来，四条腿哆哆嗦嗦。

不一会儿，小牛犊就能站稳并走到妈妈的肚子底下吃奶了。

牛宝宝的爸爸是公牛，也叫牤牛。

小马驹

小山羊

在农业机械展览会上

一些最新的农业机械一般都会在农业机械展览会上被展示。这些机械包括收割各种农作物的机械、加工各种饲料的机械、用在牲畜棚里的机械以及养护农田的机械,种类非常多。

翻斗卡车

玉米拣选机

饲料收割机

农业工程

大区域割草机

圆捆打包机

乘坐式割草机

剪草机

玉米收割机

秋天会有什么收获？

秋天，是许多农作物和果实成熟的季节，所以也是个收获的季节。收割后的玉米被磨成面粉，甜菜要被送到糖厂，还能吃到新鲜的苹果酱和炒栗子。收割农作物时可以使用一些大型机械，但采摘苹果和梨这些水果时，只能靠双手了。巨大的南瓜主要是用来当作食物的，但也有一些被做成了有意思的灯笼。在庆祝丰收的丰收节上，客人可以用蔬菜、水果和谷物做成各种非常有趣的装饰品。

马铃薯收获机

农场里的日常生活

在农场里,有各种各样的工作。农夫不仅要照料饲养的动物和农作物,还要修缮牲畜棚和其他建筑,定时在牲畜饲料机里投放饲料。同时,他们还要在办公室里完成一些文书往来的工作。

有的农场还会有成片的树林,它同样需要照料。一些老树要被砍倒,充足的阳光对小树的成长非常有利。在没有机械的地方,马是人类最好的帮手。

雪橇马

碎木机

伐木工

木材运输车

青贮饲料一般是用牧草或切碎的玉米秸加工而成的。农夫先将准备好的草料堆放在压草道上，然后用机械将草料压实，之后覆盖上塑料薄膜隔绝空气。这堆草料会在塑料薄膜下慢慢发酵。青贮饲料能够长期存放，有了它们，农场里的牲畜在冬天也能吃到营养丰富的草料了。

农夫清洗牲畜棚的地面时可以使用高压清洗机。

压草道

农场里的拖拉机每天都有工作要做，如果遇到一些小毛病，农夫自己就能修理。

起重机

好多好多的食物

农场里一般都会有农场商店,农场里种植或加工过的食品,你都可以在这里买到。这家农场商店里的食物可真多啊,这些新鲜美味的食物都是什么?看一看,你认识全部的水果和蔬菜吗?

以前耕田要依靠牛、马和木犁,现在在农业发达的国家里已经见不到了。

收割谷物用的是大镰刀和小镰刀,割倒的谷物还需要人工打成捆。

以前的农场是什么样的？

爷爷带着劳拉和麦克斯来到了一家露天博物馆。博物馆所展示的是以前农场的样子。爷爷说：以前的农场里工人很多，因为没有机械，很多工作只能依靠简单的工具来完成，需要花费很多时间和体力。农场主会雇用一些男工和女工来帮助他完成农场里的工作。

那时的厨房也很简陋，很多工作需要双手完成，生活比现在辛苦多了。用水要到屋前的井里去打。厕所是屋外一间独立狭窄的小木房，冬天里冷得要命！

橘子树的花是白色的，香气袭人。花谢后结出的果实就是橘子。

柠檬和橄榄都是长在树上的。成熟的橄榄可以制成腌菜或用来榨橄榄油。

集装箱货轮

菠萝是多年生草本植物。它会在叶丛中间抽出花序，花序上会开出小花。花序轴会逐渐增大，上面的小花就都长在了一起，形成我们看到的菠萝的样子。

香蕉树是大型的草本植物。香蕉要向有光照的地方生长，所以它们是向上弯曲的。

绿色或橙色的芒果从树上垂下来，它们长着长长的柄。芒果的果核比较大。

可可树的果实很大，可可豆就是从这些果实中剥出来的。将可可豆晾干后，就可以进一步加工了。

咖啡是一种灌木，结的果实呈红色。咖啡豆也是从果实里剥出来的，然后再烘干。

茶树是一种灌木，但也有一些是高大的乔木。茶树的叶片被人工采摘下来后，加工成茶叶，整个过程都很辛苦。

世界各地还种植了什么？

可可、大米、香蕉……这些美味的食物都来自哪里呢？这些植物适合在气温比较高的地方生长，它们也是那里的农夫主要种植的对象。这些农作物和水果收获后，会由集装箱货轮运载，经过长长的旅途，到达世界各地。

水稻是一种生长在水田里的谷物。成熟后的水稻经过收割、脱粒，最后被碾成大米。

高粱也是一种谷物。高粱米可作为粮食或饲料，也可以当作酿酒的原料。

图书在版编目（CIP）数据

情境认知绘本 /（德）苏珊妮·吉恩豪斯等文；林佳音译. -- 南京：江苏凤凰少年儿童出版社，2018.11

ISBN 978-7-5584-1112-0

Ⅰ.①情…… Ⅱ.①苏… ②林… Ⅲ.①常识课—学前教育—教学参考资料 Ⅳ.①G613.3

中国版本图书馆CIP数据核字(2018)第255601号

Mein großes Bilderlexikon: Bauerhof. Suchen, Entdecken und Benennen

Author: Daniela Prusse, Illustrator: Anne Ebert

Title: Mein großes Bilderlexikon: Bauerhof. Suchen, Entdecken und Benennen

© 2013 by Ravensburger Buchverlag Otto Maier GmbH, Ravensburg (Germany)

Chinese language edition arranged through HERCULES Business & Culture GmbH, Germany

著作权合同登记号　图字：10-2015-214

本书简体中文版权由北斗耕林文化传媒（北京）有限公司取得，江苏凤凰少年儿童出版社出版发行。未经许可，禁止任何媒体、网站、个人转载、摘编、镜像或利用其他方式使用本书内容。

书　　名	情境认知绘本
策划监制	敖　德
责任编辑	张婷芳
特约编辑	张俊杰
特约审读	李雪竹
美术编辑	徐　劼　邱晓俐
出版发行	江苏凤凰少年儿童出版社
地　　址	南京市湖南路1号A楼　邮编：210009
印　　刷	北京尚唐印刷包装有限公司
开　　本	889毫米×1060毫米　1/12
印　　张	16
版　　次	2018年12月第1版　2021年11月第17次印刷
书　　号	ISBN 978-7-5584-1112-0
定　　价	84.00元（全6册）

（如有印装质量问题，请与承印厂联系调换）

江苏凤凰少年儿童出版社官方微信公众号　耕林童书公众号

耕林市场部：010-57241769/68/67
13522032568 贾玉美
合作、应聘、投稿、为图书纠错，请联系
邮箱：genglinbook@163.com
新浪微博 @耕林童书馆